おいしさから学ぶ図鑑

③ おいしい
ラーメン
ができるまで

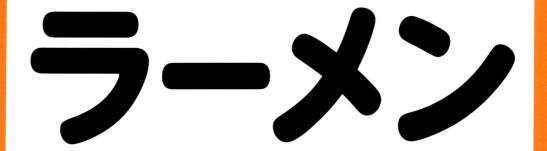

― 監修 ―
一般社団法人国際ラーメン学会 共同代表理事
大和大学社会学部 准教授
立花 晃

Gakken

はじめに

　みなさんは、「日本の国民食」と聞いて、何が浮かびますか？この質問をすると、必ずといっていいほど、つぎの3つが返ってきます。

　それは、「おすし」「カレー」「ラーメン」です。

　しかし、カレーとラーメンは外国から入ってきた料理で、和食の代表といわれるおすしも、そのルーツは東南アジアにあるといわれています。それでも、おすし、カレー、ラーメンが「日本の国民食」と呼ばれるのは、長い年月をかけて、日本人の食卓に根づいてきたからだといえるでしょう。

　大人も子どもも大好きな「おすし」「カレー」「ラーメン」。その人気のひみつは、いったいどこにあるのでしょうか？

　『おいしさから学ぶ図鑑』は、これら3大人気国民食にスポットをあて、そのおいしさのウラにかくされた、つくり手のさまざまなくふうを紹介しながら、人気のひみつを探っていきます。本の中で、これが「おいしいひみつ」といえるところには、をつけているので、参考にしてください。

このマークを探してみてね！

　みなさんも、『おいしさから学ぶ図鑑』を読んで、おすし、カレー、ラーメンがさらに好きになってくれたらうれしいです。

常に進化を続けるラーメン

ラーメンは日本人にとって、単なる「食べ物」を超えた特別な存在です。ラーメンは日本各地で個性を持ち、それぞれの地域の文化や気候に合わせて進化してきました。たとえば、札幌の味噌ラーメン、福岡の豚骨ラーメン、そして東京の醤油ラーメンなど、地域ごとの味わいが楽しめます。その土地ごとの味には、地元の人々の愛情や工夫が詰まっているのです。

なぜ今、ラーメンが人気なのかというと、その手軽さと豊富なバリエーションがあることが魅力の一因です。ラーメン屋さんに行けば、濃厚なスープからあっさりしたものまでたくさんの種類の中から選べるので、誰でも自分の好みに合った一杯を見つけることができます。また、トッピングを自由に選んで自分だけのラーメンをつくる楽しさも人気のひみつです。

そして、ラーメンは世界中でも注目されています。アメリカやヨーロッパでは「Ramen」という言葉がそのまま使われ、現地の人々にとってもエキゾチックでおもしろい料理として親しまれています。

今や外国では、日本の文化に触れるきっかけとなり、多くの人がラーメンを通じて日本に興味を持つようになっています。

将来、ラーメンはさらに進化するでしょう。世界的に健康志向が高まるなかで、小麦を使わない麺や、さまざまな宗教にも対応したラーメンが登場したり、環境に配慮した素材が選ばれたりするかもしれません。もしかしたら、AIがつくったレシピで新しい味のラーメンが生まれる未来もあるかもしれませんね。

本書が、そうしたラーメンの深い世界を知るきっかけとなれば幸いです。

国際ラーメン学会 共同代表理事／大和大学社会学部 准教授　立花 晃

おいしさから学ぶ図鑑
❸ おいしいラーメンができるまで

もくじ

はじめに ………………………………………………………………	2
常に進化を続けるラーメン	
国際ラーメン学会 共同代表理事／大和大学社会学部 准教授　立花 晃 …………	3
ラーメン屋さんをのぞいてみよう ……………	6
ラーメン屋さんのおいしさのひみつ ……………	8
ラーメン屋さんの1日を見てみよう ………………	8
ラーメン完成までのひみつ ………………………	10
おいしいスープのひみつ …………………………	12
それぞれの具材のひみつ …………………………	13
おいしく食べてもらうためのひみつ ……………	14
【コラム】日本のラーメンの歴史 …………………	15

製めん所をのぞいてみよう …………………… 16

製めん所のおいしさのひみつ ……………… 18
めんの種類を見てみよう ……………………… 18
つくり方を見てみよう ………………………… 19
おいしいめんを開発するひみつ ……………… 20
小麦粉はどうやってつくられる? ……………… 21

おいしいスープと具材のひみつ …………… 22
スープの種類 …………………………………… 22
タレ(かえし)の種類 …………………………… 24
多様化するラーメン …………………………… 25
おいしい具材のひみつ ………………………… 26

小麦農家をのぞいてみよう ………………… 28

おいしい小麦のひみつ ……………………… 30
おいしい小麦が届くひみつ …………………… 32
いろいろな食べものに生まれ変わる小麦 …… 34

おいしいお肉が食べられるひみつ ………… 36
ブタ肉ってどんな肉? ………………………… 36
養豚農家のお仕事 ……………………………… 38
わたしたちの食卓に届くまで ………………… 39

日本各地のご当地ラーメン ………………… 40

世界のめん料理 ………………………………… 46
世界に広がる日本のラーメン ………………… 47

※本書に掲載されているデータや情報は、2024年11月現在のものです。

ドアを開けると、「いらっしゃいませ!」と元気な声。おいしいスープのにおい、からあげをあげる音もしています。カウンターの向こうではどんなことをしているのか、ちょっとのぞいてみましょう!

具材 ➡ P.13

からあげやギョウザを調理する

カウンター ➡ P.14

調味料 ➡ P.14

ラーメン屋さんのおいしさのひみつ

ラーメン屋さんの1日を見てみよう

> ラーメン屋さんは、お昼前にお店を開けて、お昼ごはんの時間が終わったら一度店を閉めて、夕方からまた開けることが多いよ

❶ 開店前（スープの仕込み）

お店についたら、まずはスープをたきはじめます。**透明なスープに仕上げるために、こまめに様子を見ます**（くわしいつくり方は12ページへ）。

❷ 開店前（そのほかの仕込み）

ごはんをたいたり、サイドメニューのからあげの下ごしらえをしたり、客席を整えたりするなど、大いそがしです。

❸ のれんを出す

のれんをかけたら、開店の合図です。

❹ 接客する

> 気持ちよく食べてファンになってもらえるよう、元気な接客を心がけています！

注文をとったり、つくったり、片づけたりしながらも、**お客さんへの気配りも忘れません**。

❺ ラーメンをつくる

注文を受けたら、すばやくつくっていきます（くわしいつくり方は10ページへ）。

お店の様子を見ながら、夜の営業や明日のための仕込みもします

❻ お昼の営業終了

テーブルをきれいにふいたり、おはしや調味料が足りなくなっていないか確認します。

❼ 仕込みや食材の発注

お店を閉めているあいだにチャーシューやタレを仕込んだり、食材の発注をしたりします。

夜の営業開始

◆ 閉店後

のれんを下ろしたら食材を冷蔵庫に片づけ、そうじをします。売り上げを計算したら終了！

お休みの日にはよそのラーメンを食べに行きます♪

ラーメン屋さんの服装と道具

バンダナ
髪の毛やあせが落ちないようにまきます

エプロン
ポケットには注文を書く紙やペンが入っています

長ぐつ
熱いお湯が飛んできても長ぐつが守ってくれます！

ずんどう
スープをつくるための大きななべ

てぼざる
めんをゆでるときに使うざる

平ざる
ゆがいためんのお湯を切るのに使う

ラーメン完成までのひみつ

ラーメンは、どんなふうにしてつくっているのかな？チャーシューめんのつくり方を見てみよう！

❶ めんをほぐす

均一にゆで上がるように、**ゆがく前によくほぐ**します。

❷ スープを温める

小さな手なべで、取り分けてある**スープを注文ごとに温めます**。

❸ めんをゆがく

てぼざるに入れて、めんをゆがきます。別のてぼざるで具材のもやしも温めます。

❹ スープをつくる

しょうゆベースのタレに、スープを煮こんでいるときに出た鶏油を入れ、スープを加えます。

❺ めんの湯を切る

めんをてぼざるから平ざるに移し、手早く湯切りをします。

ラーメンは熱々がおいしいので、**どんぶりはお湯で温めておきます**

◆ラーメンの五大要素

ラーメンは、お店によってめんもスープもさまざまで、「これ」という正解はありません。それでも、ラーメンには次の5つが欠かせないとされています。

① めん
② だし（スープ）
③ タレ（かえし）
④ 油（脂）
⑤ 具

この**5つをどう組み合わせるか**によって、お店ごとの個性があるラーメンができあがるのです。

◆日本のラーメンは、だしとタレを合わせるのが特徴

ラーメンのスープは、だしとタレ（かえし）に油（脂）を加えてつくられます。タレはしょうゆをベースにしたものが多いですが、みそダレ、塩ダレなどもあります。タレはラーメンの味を大きく左右する要素です。

油（脂）にはネギ油、マー油、背脂、鶏油などいろいろあり、**スープにうまみを加えたり、表面に膜をつくって冷めにくくする**役割もあります。

「かえしをだしで割る（うすめる）」というのは、和食の「そば」の影響を受けているんだって

❻ めんを整え、具材をのせる

めんの流れ（めん線）を整え、ゆでたもやし、チャーシュー、ネギをのせます。

完成！

おいしいスープのひみつ

スープや具材は、お店によってつくり方がぜんぜんちがうんだって。自分の好きなお店はどういうふうにつくっているのか調べてみてね！

❶ 材料を用意する

鶏の胴ガラ（肉をとった骨の部分）とモミジ（鶏の足）は、たくさん仕入れて、1回分ずつに分けて冷凍してあります。

❷ ずんどうで煮こむ

ずんどうに、鶏とタマネギ、ニンニク、少量のとんこつ（ブタの骨）と水を入れ、3～4時間、煮こみます。

おいしいひみつ　「清湯(チンタン)」スープは火が入りすぎると味も見た目もにごってしまうので目がはなせません

❸ アクをとる

なべはこまめにチェックし、アクや油を取りのぞきます。**油は「鶏油(チーユ)」としてラーメンに使うので、別に取り分けます。**　おいしいひみつ

❹ スープを取り出す

こし器を使って小さなガラなどをのぞきながら、スープを小さなずんどうに移します。

// 完成！ \\

いろいろなスープがある

ラーメンといえば「しょうゆ」「塩」「みそ」「とんこつ」などの味が思い浮かぶでしょう。そのほかにも、にぼしやかつおぶしや貝からだしをとったり、からみを加えたりしたものもあります。スープのひみつについては、22ページでもさらに取り上げています。

それぞれの具材のひみつ

ラーメンの具材のうち、チャーシューとメンマとネギのひみつだよ。もっと知りたくなったら26ページを見てね♪

◆ チャーシュー

❶ 8〜9kgほどのブタももにのかたまり肉をチャーシューのサイズに切り分け、**すじや脂などをていねいに取り除きます。**

❷ たこ糸でしばって、油で揚げてから4〜5時間煮ます。チャーシューの煮汁はタレのベースにもなります。

時間がかかるので、数日に分けて仕込みます

❸ 一度に4日分ほどできあがるので、その日に使う分だけスライスします。

煮るだけのところ、焼いてつくるところ、できあがったものを仕入れるところなどあるから、お店によって味がちがうんだね

◆ メンマ

下ゆでしてあるメンマを仕入れ、しょうゆや砂糖などで味つけします。

◆ ネギ

味もかおりもよくなるので、ネギはお店できざみます。
地元のネギ農家さんと年間契約しているので、値段が上がったり、手に入らないなどの心配がありません。

おいしく食べてもらうためのひみつ

一生懸命つくったラーメンをおいしく食べてもらうために、お店は味以外のことも考えているんだって！

ここがカウンター席

◆ **すばやく提供するために**

ラーメン店には、カウンター席しかないお店が多くあります。**できあがったラーメンを、少しでも早くお客さんに出すため**です。店員さんが1人や2人で営業しているお店も多く、カウンター席だとお客さんに対応しやすいという利点もあります。

◆ **集中して味わうために**

「お客さまがラーメンを食べることに集中して味わっていただきたい」という思いから福岡で生まれたラーメン店「一蘭」は「味集中カウンター」を考え出しました。となりの人が見えないように区切られ、つくっているところも見えないようにしてあります。

ほかにもいろいろなラーメン店が、卓上に調味料やはしなどを置かない、音楽を流さないなどのくふうをしています。

アレンジを楽しもう

お店によっては、めんのゆで具合や具材の増減、追加のトッピングなどができるところもあり、自分好みのアレンジをしやすいのもラーメンの特徴です。卓上に、こしょうやラーメンのたれ、塩、からみそなどを置いている場合もあり、その日の気分や体調に合わせて味の変化も楽しめます。

ラーメンが出てきたら**熱々のうちにすぐに食べる**。それがいちばんおいしい食べ方です♪

日本のラーメンの歴史

◆ラーメンはいつから食べられるようになった？

奈良時代にそうめんやうどんの元になる小麦粉料理「索餅」が伝わり、室町時代には「経帯麺」というラーメンに近い食べものの記録がありますが、いずれも身分の高い人だけが食べるものでした。

ラーメンが一般にも食べられるようになるのは、明治時代になってから。元々は中国料理でしたが、今では「日式ラーメン」と言われ、日本で独自の進化をとげた食べものになっています。

1910年、東京・浅草にオープンした「來々軒」が日本最初のラーメン店と言われています。日本人に合わせたあっさりとしたしょうゆ味で大人気となりました。

◆身軽な「屋台」で全国に広がる

ラーメン店が全国的に増えるのは、第二次世界大戦後。いろいろなものが不足するなか、店を建てるのは難しくても、「屋台」なら営業しやすかったからです。「屋台」は、店を開けるときだけ組み立てたり、台車をつけて移動したりできる簡易なお店です。日本各地でラーメン店ができ、その土地に合わせたいろいろな味のラーメンがつくられるきっかけになりました。

◆「ラーメン」の呼び名が広まったのは？

「ラーメン」の呼び名は、1922年にオープンした北海道・札幌の「竹家」が始まりと言われていますが、全国的には「しなそば」「中華そば」と呼ばれることが多かったようです。

しかし、1958年、安藤百福がお湯をそそぐだけで食べられる「チキンラーメン」を発明したことにより、「ラーメン」の呼び名が一気に広まりました。

現在のパッケージ

発売当時のパッケージ

中のラーメンが見えるようになっているんだね！

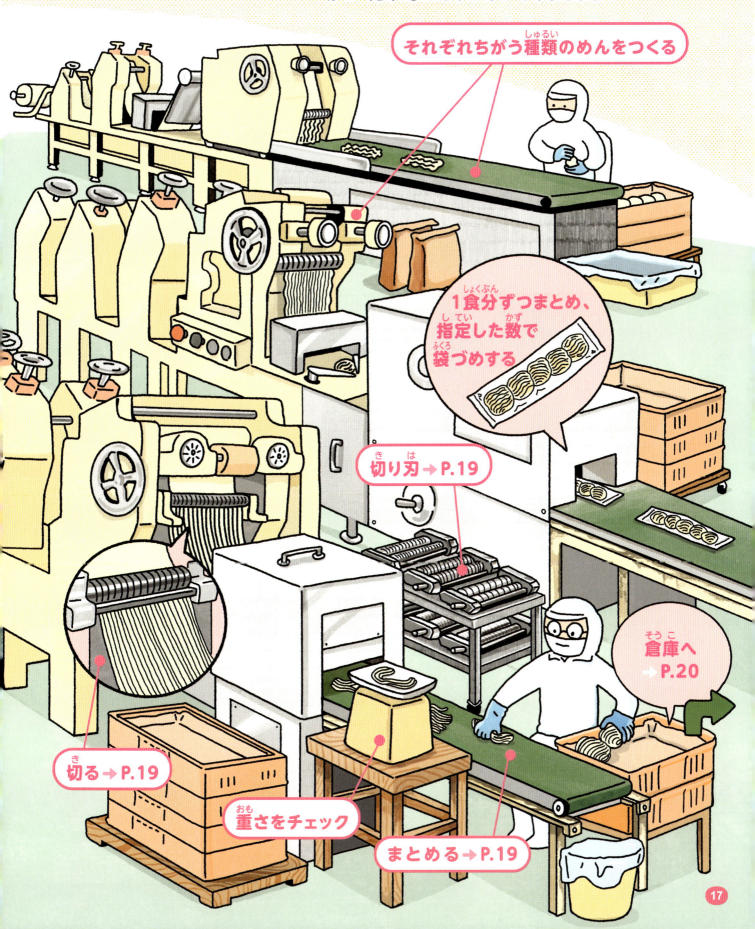

製めん所のおいしさのひみつ

この製めん所でつくるめんは300種類以上！1日の中で100種類ぐらいつくっているんだって

めんの種類を見てみよう

極太めん
めんはば約2.5mm。うどんのようなもっちりとした食感

中太めん
めんはば約1.5mm。ラーメンによく使われる太さ

細めん
めんはば約1.25mm。つるつるとしたのどごしが特徴

ちぢれめん
波のようにうねうねしていて、スープがよくからむ

平打ちめん
断面が平たい長方形のような形で、しっかりとした歯ごたえがある

米粉めん
小麦粉アレルギーの人でも食べられる、米粉を使っためん

＊めんはば…めん1本の横の長さ

なぜたくさんの種類のめんがつくられるの？

ラーメンのスープは、トロッとしていたり、サラッとしていたり、お店によってちがいます。スープとめんを合わせたときにおいしく味わえるように、スープだけでなく、めんにもたくさんの種類があります。めんの基本の材料は、小麦粉、かん水、塩だけですが、その配分やのばす厚さ、切るはば、ちぢれさせるかどうかなどによってつくり分けています。

かん水を加えると、めんにコシや風味が生まれるよ。中華めんが黄色っぽいのは、かん水のはたらきなんだ！

つくり方を見てみよう

まぜたり、くりかえしのばしたりすることで、めんの形になるんだね

❶ 調合する・まぜる

つくりたいめんに合わせて何種類かの小麦粉とかん水などをまぜあわせます。気温や湿度に合わせて、水の温度やまぜる回数を調整します。 おいしいひみつ

❷ のばす・巻く

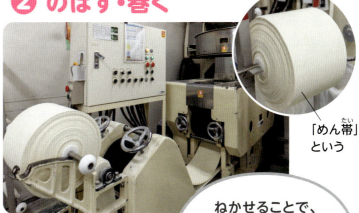

「めん帯」という

ローラーで圧力をかけて帯状にのばし、巻きとったら、袋をかぶせて30分〜1時間ほどねかせます。

ねかせることで、**水分が全体に行きわたり、食感がよく、ちぎれにくい**めんに仕上がります！ おいしいひみつ

生地　水分

❸ 切る

めん帯をうすくのばし、「切り刃」を使ってつくりたい細さに切ります。切り刃によっては、ちぢれさせることもできます。

切り刃

切り刃によって、めんの太さを変えられます。

❹ まとめる

1食分の長さに切られためんをまとめ、ケースにつめます。

❺ 配達

ラーメン屋さんやスーパーに向けて出発！

おいしいめんを開発するひみつ

この製めん所には、全国から注文が来るんだって。注文に合わせためんをつくるくふうを見てみよう！

❶ 注文を受ける

どんなめんが必要なのか、お客さんの希望をくわしく聞きます。

「白いワンピースを着た女の人のようなめん」という注文が来たこともあるよ

❷ めんを試作する

ふだん、めんをつくっているところと同じ環境で、新しいめんの開発もします。

おいしいひみつ 300種類ものめんの中から希望に近いめんを探し、試食してもらいます。見つからないときは、オリジナルのめんを開発します。

さまざまな要望にこたえるために、**特徴のちがう小麦粉をそろえています**。パン用やうどん用の小麦粉を使うことも。

❸ ラーメン屋さんと試食を重ねる

めんを持ってお店まで行き、スープとの相性を確かめます。改善点があれば会社に持ち帰って、新たなめんを試作します。

❹ めんが完成！

いっしょに試食しながら何度も打ち合わせをして、納得のめんをつくります！

おいしいめんを届けるためのくふう

めんはできあがってからも、時間とともにどんどん変化していきます。なるべくできたての理想の状態で食べてもらうために、すぐに温度管理された倉庫に入れ、そこから直接トラックに積みこみます。

小麦粉はどうやってつくられる?

中華めんの原料である小麦は、そのまま食べるとおいしくなかったり、消化が悪かったりするから、製粉工場で粉の状態(小麦粉)にするんだね

❶ ごみを取りのぞく
機械を使って土や石などを取りのぞいたあと、少量の水を加えて数日おき、表皮と胚乳(→30ページ)を分けやすくします。

❷ こまかくくだく

「ロール機」で小麦をくだきます。速度がちがう2つのローラーではさむことで、小麦をこまかくします。

❸ ふるいにかける
くだいたものを、「シフター」という大きなふるい機にかけ、粒の大きさごとに分けます。大きな粒はもう一度ロール機にかけてくだきます。

←あらい　　　こまかい→

❹ 皮を取りのぞく
「ピュリファイヤー」という機械を通し、風の力を使って皮の部分を取りのぞきます。

❺ 小麦粉の完成!
②〜④を何度もくり返し、サラサラの小麦粉が完成します。最後にふるいにかけたら袋につめ、倉庫でしばらく熟成させてから製品として出荷されます。

おいしくて安全な小麦粉を届けるために
製粉工場では、できあがった**小麦粉の色やたんぱく質の量などを調べて、品質を確認**しています。水を加えたときの状態を調べたり、実際にパンなどに加工して味を確かめたりもします。そうした検査をへて合格したものが、パンやめんをつくるメーカーや、スーパーなどの小売店へ届けられるのです。

おいしいスープと具材のひみつ

ラーメンは、めんと同じぐらい、スープもとっても大事なんだよ！どんなスープがあるのかな？

スープの種類

◆スープは「だし」と「タレ」からつくられる

　ラーメンのスープは、「だし」と「タレ（かえし）」を合わせてつくられます。そこが、中国でつくられるラーメンとは大きくことなる点です。だしに使われるのは、主に、とんこつ、鶏ガラ、魚介の3種類、タレは、しょうゆ、みそ、塩の3種類です。

　「だし」は、大きくは白くにごった「白湯」と、透明な「清湯」に分けられます。材料を強火で沸騰させながら長時間煮こむと白湯に、静かに沸騰さてゆっくり煮出すと清湯になります。

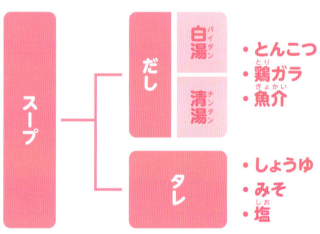

◆だし① とんこつ

　ラーメンのだしとしてもっともよく使われる材料で、漢字で書くと「豚骨」、つまりブタの骨のことです。使われる部位としては、ゲンコツ（ひざの関節部分）、アバラ、背骨、頭、とんそくの5種類があり、それぞれ特徴がちがうので、どれをどのくらい使うかによって味が変わります。

＊乳化…油と水のように、本来はまざらないものが均一にまざりあう現象。

とんこつの白くにごったスープは、油が「乳化」＊してスープと一体になることでできあがります

◆だし❷ 鶏ガラ

肉を取りのぞいたニワトリの骨が「鶏ガラ」で、**うまみ成分であるグルタミン酸を多くふくんでいます。**「モミジ」と呼ばれる足の部分はコラーゲンが多く、よいだしがとれます。肉のついた「丸鶏」を使うと、**たんぱく質やコラーゲンが増えて、さらに味が濃厚**になります。

◆だし❸ 魚介

かつおぶし、さばぶし、そうだぶしなどの「節類」のほか、煮干しやこんぶ、貝やエビ・カニのからなどを使ってつくる和風のだしです。**かつおぶしのイノシン酸、こんぶのグルタミン酸、貝類のコハク酸などのうまみ成分を重ねる**ことで、さらなるおいしさを引き出します。

◆だしに欠かせない香味野菜

とんこつや鶏ガラなどの骨系の素材を使う場合、くさみ消しとしてタマネギ、ニンニク、ショウガ、長ネギなどが欠かせません。これらの香味野菜をいっしょに煮ることで、**くさみを消すだけでなく、スープにかおりやあまみを加える**役割もあります。

> ビタミンやミネラルなど、香味野菜の栄養もスープにとけこんでいるよ！

タレ（かえし）の種類

味の決め手とも言える「タレ」は、お店にとってはとても重要だから、限られた人しかつくり方を知らない場合もあるんだって！

◆ タレ❶ しょうゆダレ

日本の代表的な調味料であるしょうゆは、日本のラーメンのいちばんベーシックな味つけといえます。

しょうゆは、つくり方によってこい口、うす口、たまりなどに分かれるほか、地域による個性もあります。**どんなしょうゆを選び、何時間煮こむか、何を合わせるかなどによって、お店独自の味が生まれます。**

◆ タレ❷ みそダレ

みそは、米、麦、豆など原料やつくり方がさまざまで、**地域による味のちがいが大きい調味料**のため、ご当地ラーメンとして特徴が出やすいタレです。多くの場合は、数種類のみそと野菜や果実をまぜて煮こんでつくられます。

◆ タレ❸ 塩ダレ

当初、中国から伝わったラーメンは塩味だったと言われます。塩をみりんや酒、しょうゆなどにとかして味つけするというシンプルな味なので、精製塩、天然塩、岩塩などのちがいや、日本や外国のどこでつくられたかなど、**塩選びが味を大きく左右します。**

多様化するラーメン

スープやタレだけじゃなく、提供のしかたによって分類されるラーメンも出てきています

◆つけめん

ざるそばのように、めんとスープを別にして出し、スープにめんをつけながら食べるスタイル。1955年、東京の「大勝軒」が最初と言われています（諸説あります）。

◆まぜそば

汁がなく、太めのめんの上に味つけしたひき肉やネギ、卵黄、魚粉などがのっていて、まぜて食べます。台湾ラーメンをもとに、名古屋から始まったと言われます。

◆二郎系

とんこつベースのしょうゆ味のスープに、もっちりとした極太のめん、山盛りの野菜やチャーシューをのせるのが特徴。1968年、東京の「ラーメン二郎」が始めたことからこう呼ばれます。

どんぶりの形や模様のひみつ

ラーメンのどんぶりは、形によって保温性やかおりの立ち方などが変わるので、お店の味や量、もりつけに合わせて選ばれています。玉丼、切立、高台、反丼などがあります。

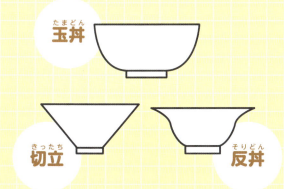

ラーメンによく使われるどんぶりの模様には、それぞれ意味があります。四角いうず巻きは「雷文」という魔よけの模様、「囍」は「喜ぶ」が2つ並んだおめでたい柄です。龍は、雨を降らせて豊かな実りをもたらすありがたい生きものとして描かれています。

おいしい具材のひみつ

ラーメンにのっているいろいろな具も、お店によってちがうよね。どんなひみつがかくれているのかな？

◆ネギ

どんなラーメンにも必ず入っていると言えるネギ。**かおりやからみ、あまみがスープを引き立てる**だけでなく、いろどりをよくしたり、食感に変化を出すという役割もあります。きざみたてがおいしいので地元のネギが使われることが多く、地域差があります。

白ネギ
白い部分が多く、東日本で主に使われます。深谷ネギや下仁田ネギが有名。

青ネギ（葉ネギ）
緑の部分が多く、西日本でよく使われます。九条ネギや万能ネギが有名。

◆メンマ

麻竹という竹を若いうちにかり取り、切ってゆでたものを塩漬けして発酵させてつくります。日本でラーメンがつくられるようになった初期のころから具に使われていますが、99％は中国や台湾から輸入されています。

ネギ
チャーシュー
なると
メンマ

「国産メンマ」への取り組み

メンマの材料となる麻竹が日本では育たないため輸入にたよっていましたが、日本に生える孟宗竹や真竹でもつくれることがわかり、国産メンマの生産が広がっています。

国産メンマは、手入れする人がいなくなって荒れてしまった「放置竹林」の解決や、地域の活性化にもつながっています。

淡路島の放置竹林問題に取り組む「あわじ里山プロジェクト」がつくる国産メンマ「あわじ島ちく」

◆チャーシュー

チャーシューは漢字で「叉焼」と書き、中国では焼いてつくります。日本のラーメンにのるチャーシューの多くは、ブタのバラ肉やもも肉などのかたまり肉をたこ糸でしばり、しょうゆ味のタレで煮こんでつくります。

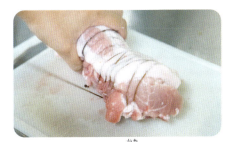

しっかりしばることで型くずれしません

◆コーン

みそラーメンの具材として使われることが多いコーンは、みそラーメン発祥の北海道の名産品です。

◆煮たまご

黄身の色がいろどりをよくするだけでなく、**舌を休ませる効果もあります**。ゆでたまごをのせる場合と、ゆでたまごをしょうゆダレなどにつけたり煮こんだりしてつくる「煮たまご」をのせる場合があります。

固ゆでか半熟かも、好みが分かれるよね

◆もやし

めんがゆであがるまでのあいだに、いためて具としてのせようと考えたのが始まりとされます。こいめのスープとよく合います。

◆ほうれんそう

こい緑が見た目にきれいなだけでなく、ラーメンには少ない**ビタミン類をおぎなう**ことができます。

◆なると

かまぼこの一種で、白地に赤いうずまき模様が入ります。かつてはラーメンの定番具材でしたが、最近では入れるところが減ってきています。

めんやスープと合う具材を選んで味つけし、見ただけでも「おいしそう!」と思ってもらえるように、**具材の置き方にもお店ごとのこだわりがあるんですよ♪**

小麦農家をのぞいてみよう

コンバイン

夏 かり取る → P.31

ラーメンのめんに欠かせない小麦粉は、小麦からつくられています。大きな畑にたくさんの小麦が実っています。農家さんが一年を通じてどのように育てているのか、のぞいてみましょう！

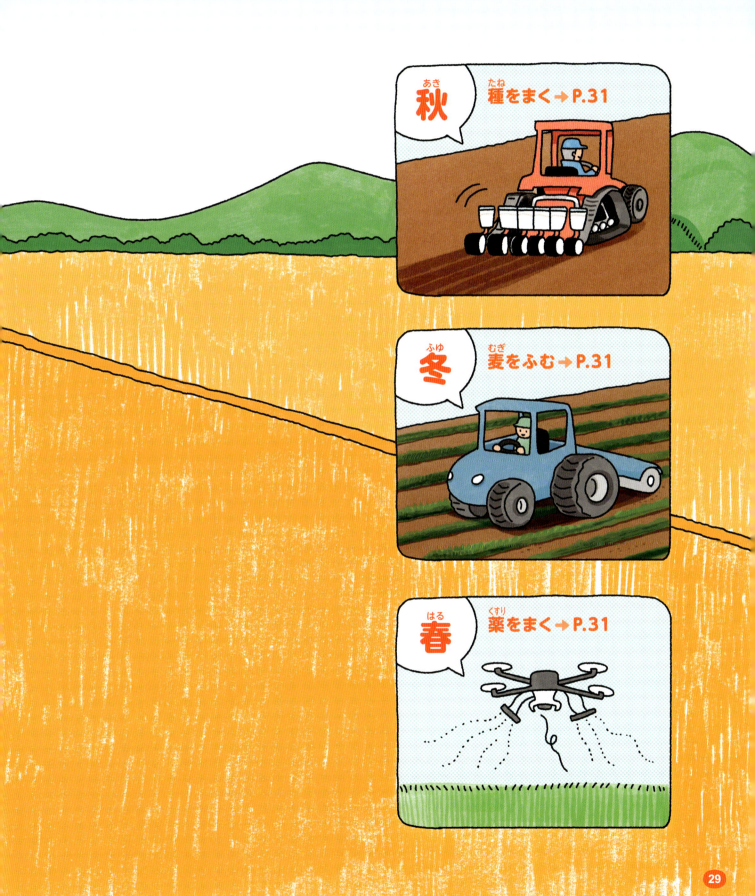

秋　種をまく→P.31

冬　麦をふむ→P.31

春　薬をまく→P.31

おいしい小麦のひみつ

ラーメン以外にも、パンやケーキなど、たくさんの食べ物が小麦からできているよ

◆小麦の中はどうなっている?

小麦は、お米と同じイネ科の穀物です。畑に種をまいて、花がさいたあとにできる実を収穫します。小麦1粒の大きさは約5〜9mmほどで、その中には炭水化物やたんぱく質など、いろいろな栄養がふくまれています。

よく食べているのは胚乳の部分なんだね!

表皮 約15%
「ふすま」や「ブラン」とも呼ばれる。ミネラルや繊維質が多い。

胚乳 約83%
小麦粉になる部分。炭水化物やたんぱく質が豊富。

胚芽 約2%
小麦の芽が出る部分。脂質やビタミンなどがふくまれる。

◆小麦の歴史

小麦は今から約1万年前に栽培が始まり、日本へは約2000年前に朝鮮半島から伝わったとされています。その後、中国からはうどんやそうめん、ポルトガルやオランダからはカステラやビスケットなど、小麦を使ってつくる食べものが伝わりました。

ゴムみたいにのびる!

小麦粉に水を加えてこねると、ゴムのようにのびる生地ができます。これは小麦がもつ「グルテニン」と「グリアジン」というたんぱく質が水を加えることで結びついて、「グルテン」というねばり気の強い部分が残ったためです。

パンがふっくら焼けるのも、グルテンがもつ弾力とねばりのはたらきによるものなんだって!

◆小麦の育て方

小麦は、秋に種をまいて初夏に収穫する「冬小麦」と、春に種をまいて秋に収穫する「春小麦」があります。北海道の「冬小麦」の一年を見てみましょう。

9月ごろ　畑を整える

大きな石を取りのぞいたり、石灰や肥料をまいたりして、小麦が育ちやすい土をつくります。

9〜10月ごろ　種をまく

晴れの日が続いて、土がかわいているときを選んで種をまきます。

3〜4月ごろ　麦ふみをする

根をじょうぶにしてよく育つように、のびた麦をローラーでふみます。

5〜6月ごろ　雑草をぬき、薬をまく

土の栄養がうばわれないように雑草をぬいたり、麦が病気にならないように必要な薬をまいたりして、小麦の生長を見守ります。

7〜8月ごろ　かり取る

晴れの日が続いて、麦がかわいている日を選んで、コンバインで収穫します。収穫した小麦はしっかりと乾燥させてから出荷されます。

◆小麦粉の種類と特徴

スーパーなどで売られている小麦粉をよく見ると、強力粉、中力粉、薄力粉と書いてあります。これらの小麦粉は原料となる小麦からことなり、向いている料理も変わります。

強力粉	中力粉	薄力粉
タンパク質を多くふくむ硬質小麦が原料	硬質と軟質のあいだの中間質小麦が原料	タンパク質が少ない軟質小麦が原料
弾力やコシがあり、中華めんやパンなどに向く	うどん粉とも呼ばれ、ほどよい弾力があり、うどんやお好み焼きに向く	ねばり気が少なく、天ぷらやおかしなど、軽い食感を出すのに向く

おいしい小麦が届くひみつ

小麦のほとんどは外国から輸入しているんだって！どうやって運ばれてきているのかな？

◆小麦はどこからきている？

日本の気候は小麦づくりにあまり向いていないため、大量につくることができず、そのほとんどを外国から輸入しています。現在、日本で食べられている小麦のおよそ82％が外国産です。

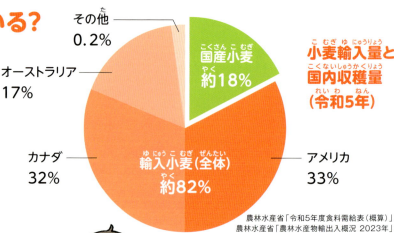

小麦輸入量と国内収穫量（令和5年）

- 国産小麦 約18％
- 輸入小麦(全体) 約82％
- アメリカ 33％
- カナダ 32％
- オーストラリア 17％
- その他 0.2％

農林水産省「令和5年度食料需給表（概算）」
農林水産省「農林水産物輸出入概況 2023年」

◆輸入小麦が食卓に届くまで

小麦は生活に欠かせない重要な穀物なので、**安定して輸入できるよう、政府がまとめて買い取りをしています。**製粉会社は政府から小麦を買って小麦粉に加工し、パンやめんなどを製造する食品メーカーへおろします。そうしてつくられた商品が、私たちの手元に届くのです。

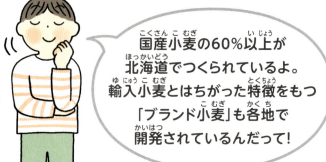

国産小麦の60％以上が北海道でつくられているよ。輸入小麦とはちがった特徴をもつ「ブランド小麦」も各地で開発されているんだって！

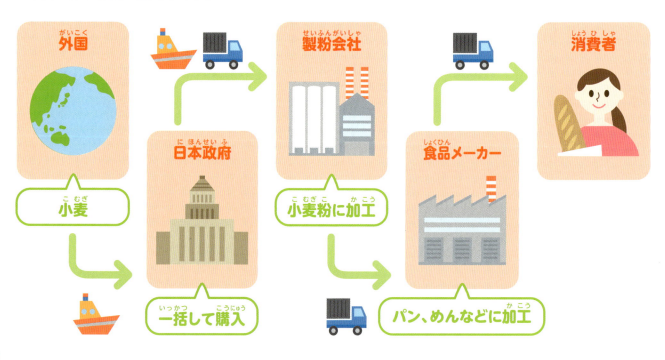

外国 → 小麦 → 日本政府 → 一括して購入 → 製粉会社 → 小麦粉に加工 → 食品メーカー → パン、めんなどに加工 → 消費者

◆港に着いた小麦はどうなる？

❶外国から出発！
小麦は、一度にたくさん運べるように、袋やコンテナなどに入れずに、粒のまま「ばら積み船」とよばれる船に積みこまれます。

中に小麦がつまっている

船は、新幹線8両分もの長さがあるんだって!!

＊船をタテに切ってみると…
小麦

❷小麦を船から吸いあげる
船の中の小麦は、「ニューマチックアンローダ」という掃除機のような機械で、空気の力を使って残らず吸いあげられます。吸いあげた小麦は、サイロへと移されます。

❸サイロに保管する
小麦を保管するための、細長い筒状の倉庫が「サイロ」です。大量の小麦をそのまま保管できるように、多くのサイロは港のすぐ近くにつくられています。保管した小麦は、コンピューターで量や品質を管理しています。

おいしいひみつ

❹製粉工場へ出発
サイロの小麦を運ぶ時間や費用を少しでもはぶくために、多くの製粉工場は港のそばにあるサイロの近くに建てられています。遠くにある製粉工場へは、船やトラックで運びます。

世界情勢の影響を受ける小麦

日本は小麦の大半を輸入にたよっています。そのため、小麦の産地が台風などの自然災害に見まわれたり紛争が発生したりすると、世界的に小麦の値段が上がり、国内の小麦粉や小麦製品の値段も上がってしまいます。2022年2月にロシアがウクライナへ侵攻を開始した際には、日本の小麦価格が過去最高値を記録しました。小麦の価格を安定させるためにも、国産小麦の生産量を増やすことが求められています。

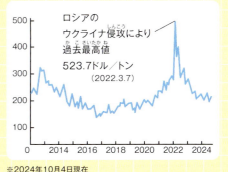
ロシアのウクライナ侵攻により過去最高値
523.7ドル／トン
（2022.3.7）
※2024年10月4日現在
農林水産省「穀物等の国際価格の動向」

いろいろな食べものに生まれ変わる小麦

小麦は、粉にしたり、発酵させたりして、いろいろなものに使われているよ

中華めん

グルテンが多くふくまれている強力粉や準強力粉に、かん水や塩を加えてつくられ、ラーメンや焼きそばなどに使われます。

そば

そばはそば粉からつくられますが、そば粉だけではまとまりにくいので、ねばりけの強い中力粉や強力粉が「つなぎ」として使われます。

うどん

「うどん粉」とよばれる中力粉に、水や塩を加えてこねたものをうすくのばし、包丁で細く切ります。

パスタ

デュラム小麦からつくられる「デュラムセモリナ」という小麦粉に水と塩を加えてつくられます。パスタやマカロニが黄色いのは、デュラム小麦の色です。

カレールー

カレールーには、カレー粉やスパイス、塩、油などのほかに小麦粉が入っています。カレーのとろみは、小麦粉のはたらきによるものです。

ふつうのパンは白いけれど、全粒粉でつくるパンは茶色いんだね！

パン

ねばりけの強い強力粉に、生地を発酵させるはたらきをもつイーストや砂糖を加えてこね、オーブンで焼き上げます。

全粒粉パン

小麦の表皮と胚芽の部分を取りのぞかずに、粒を丸ごとひいた全粒粉を使っているので、栄養価が高くなっています。

クッキー

グルテンが少ない薄力粉を使って焼き上げることで、サクサクとしたクッキーになります。

しょうゆ

しょうゆは大豆が主原料ですが、小麦とこうじ菌が欠かせません。小麦のでんぷんからつくられるブドウ糖が発酵をうながします。

焼き麩

小麦粉のねばり成分であるグルテンに、小麦粉をまぜて焼き上げます。小麦由来の植物性たんぱく質が豊富にふくまれています。

ナン

主にインドで食べられる、平べったいパンのような食べもの。強力粉と薄力粉をまぜてつくるので、もっちりと仕上がります。

こんなところにも小麦の仲間！

「大」麦というけれど、粒の大きさは小麦とほとんど変わらないんだって！

大麦

大麦は、小麦と同じイネ科の植物です。グルテンはふくまれていませんが、でんぷんが豊富で、多くは粒のまま使われます。

オーツ麦

栄養が豊富にふくまれているため、健康食としてよく食べられます。「えん麦」や「からす麦」とも呼ばれます。

オートミール

オーツ麦を蒸したり、機械で圧力をかけて平たくしたりして、食べやすくしたもの。

ライ麦

イネ科の穀物で、主にパンの原料として使われます。気温が1〜2℃でも発芽するため、小麦が育たない寒い地域でも育てられます。

ライ麦パン

ライ麦は小麦粉にくらべてグルテンが少ないため、ずっしりとしたかみごたえのあるパンに仕上がります。

麦茶

皮が茶色に変わるまでいった大麦を、お湯で煮出します。

ビール

発芽した大麦をくだいて煮つめた麦汁に、ホップや酵母などを加えて発酵させます。

おいしいお肉が食べられるひみつ

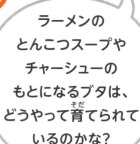

ラーメンのとんこつスープやチャーシューのもとになるブタは、どうやって育てられているのかな？

ブタ肉ってどんな肉？

◆ **ブタの種類**　日本では主に6種類のブタが飼育されていて、それぞれ体の大きさや肉質にちがいがあります。

ランドレース種
成長が早いため飼育数も多く、スーパーなどで売られている「ブタ肉」に使われることが多い。

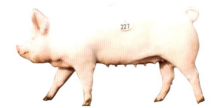

大ヨークシャー種
赤肉と脂肪のバランスがよく、ベーコンやハムなどをつくるのに適しています。

バークシャー種
日本では「黒豚」とも呼ばれ、脂肪の風味や肉質がよいのが特徴です。

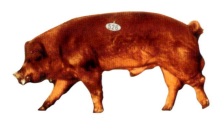

デュロック種
体は茶褐色。赤身の中にきれいに脂が入った「霜降り」の肉質です。

中ヨークシャー種
成長がおそいため飼育数が減っていますが、きめこまかな肉質です。

ハンプシャー種
脂肪分が少なく、赤身やロースが多くとれます。日本での飼育数は少ない。

「三元豚」ってどんなブタ？

スーパーなどのラベルで「三元豚」という表示を見たことはあるでしょうか？ 三元豚というブタがいるわけではなく、3種類のブタをかけあわせているということを示しています。かけあわせることで、それぞれの特質をもったおいしいブタ肉ができるのです。

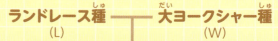

4品種をかけあわせた「四元豚」もいます！

◆部位の名前と特徴

赤身が多く少しかためだが、じっくり煮ることでうまみが出る
向いている料理
シチュー、煮こみなど

ロースよりも脂肪が多く、こってりとした味わい
向いている料理
カレー、しょうが焼きなど

脂肪と赤身のバランスがよく、焼いてもやわらかいのが特徴
向いている料理
とんかつ、しゃぶしゃぶなど

少ししかとれない貴重な部位。脂肪が少なく、きめこまかな肉質
向いている料理
とんかつ、ステーキなど

(豚の部位図：かた、かたロース、ロース、ヒレ、モモ、外モモ、ウデ、バラ、とんそく)

皮と軟骨がほとんどだが、煮こむことで濃厚なスープができる

脂肪と赤身が層になっていて、三枚肉とも呼ばれる
向いている料理
角煮、いためものなど

脂肪が少なく、あっさりとしている
向いている料理
ローストポーク、チャーシューなど

◆ブタからつくられる食品

ハム・ソーセージ

もともとは、ブタ肉を塩づけにしたりくん製*にしたりして、長期保存できるように考えられた加工品です。
*くん製…煙でいぶすことで、保存性をよくしたり、風味をつけたりすること。

ラード

ブタの脂からつくられ、常温では白いクリーム状で、加熱すると液体の油になります。特有のかおりやコクがあり、ラーメンやあげものによく使われます。

ゼラチン

ゼリーなどをつくるときに使うゼラチンは、動物の骨や皮から取り出したコラーゲンを加工したもの。ブタのほか、ウシや魚などからもつくられます。

ブタとイノシシは親戚？

ツルンとしたピンクっぽい見た目のブタと、かたそうな毛がはえていてキバもあるイノシシは、別の動物のように思えます。でも実は、野生のイノシシを、長い年月をかけて家畜として飼育できるように改良した動物がブタなのです。

養豚農家のお仕事

ブタ肉はよく食べるけど、どうやって育てられているのかな？養豚農家さんの仕事を見てみよう！

❶ 出産

元気なブタは、2年間で約5回出産し、1回でおよそ10～12匹の子ブタを産みます。妊娠するタイミングを見計らったり、安全に出産できるよう母ブタの体調に気を配ったりします。繁殖は、養豚農家にとって重要な仕事です。

❷ エサやり

生まれて3～4週間は母乳で育てますが、その後は**成長段階に合わせて配合を変えたエサを与えます**。大きく育つように配合を考えるほか、しっかり食べているか、体重が増えているかも管理します。

（おいしいひみつ）

エサによってお肉の味が変わるから、エサの配合は大事なんだって！

❸ 健康管理

ブタはとてもデリケートな動物で、ストレスがあると元気に育ちません。日々快適に過ごせるように日当たりや温度などを管理するほか、豚舎の定期的な掃除や消毒、ワクチン接種などで病気の予防も欠かせません。

❹ 出荷

生まれてから170～180日ぐらいたち、体重が115kgぐらいになると市場へ出荷します。

生まれたときは1.5kgくらいだから、半年ほどで約80倍にもなるなんてすごいね！

38

わたしたちの食卓に届くまで

養豚農家さんが一生懸命に育てたブタが、こんなにたくさんの人たちの手を通して、わたしたちのところに届くんだね！

❶ 検査

獣医師の資格をもつ「と畜検査員」が、病気や異常がないかを調べます。見た目や歩き方などの外観を見たり、血液をとって調べたり、1頭1頭、検査します。

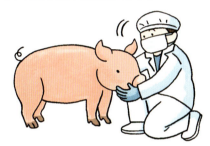

❷ 解体・検査

検査に合格した個体は、専門の技術者によって解体され、「枝肉」になります。この段階でもう一度、食品として安全かどうか検査をします。また食肉は、法律（と畜場法）で決められたと畜場でしか解体できません。

❸ 格付け

日本食肉格付協会の格付員が、肉のつき方や色などの肉質を判断してランクをつけます。このランクが、「せり」の目安になります。

❹ せり

枝肉は、食肉専門の市場で「せり」にかけられます。せりとは、売り手（卸売業者）に対して買い手（仲卸業者など）が値段をつけ、一番高い値段をつけた人が買えるという取引方法です。公正におこなうために、「せり人」の免許をもっている人によって進められます。

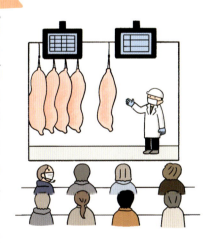

❺ 仲卸業者

せりで買いつけた肉から骨や脂を取りのぞき、モモやバラ、ロースなどの部位ごとに切り分けて、スーパーや精肉店へ売ります。

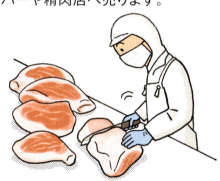

❻ 精肉店・スーパー

仕入れた肉を、調理しやすいように、うす切り肉やひき肉などに加工して販売します。お店によっては、チャーシューやベーコンなどに調理したものも売ります。

いただきます！

日本各地のご当地ラーメン

> 日本各地に、その地域の気候や文化に合わせた独自の「ご当地ラーメン」があるよ。どんなラーメンがあるか見てみよう！

⑥ 冷やしラーメン（山形県）

全国的にもめずらしい冷たいラーメン。冷えると固まる動物性の脂を取りのぞき、植物性の油を加えてコクを出します。

⑦ 喜多方ラーメン（福島県）

札幌、博多とならぶ「日本三大ラーメン」の一つ。地域の名水をいかした多加水のもちもちした平打ちの太めんが特徴。

⑨ とうふみそラーメン（茨城県）

みその名産地でもあり、みそ汁がおいしいならラーメンを入れてもおいしいだろうという考えから生まれました。具は、とうふとネギ。

⑧ 燕背脂ラーメン（新潟県）

忙しい職人さんが出前をたのむことが多く、めんがのびにくく冷めにくいように、背脂たっぷりのスープに、うどんのように太いめんが考え出されました。

⑩ 佐野ラーメン（栃木県）

昭和初期、忙しい繊維業の職工さんにラーメンが好まれ、今も店舗数が多い。青竹を使って打つコシの強い手打ちめんが特徴。

❷ 札幌ラーメン（北海道）

とんこつがベースのみそ味のスープに、中太のちぢれめんを合わせる。北海道名産のコーンがのることが多い。

❶ 旭川ラーメン（北海道）

とんこつもしくは鶏ガラに魚介を合わせたしょうゆ味のスープ。表面をラードでおおうことで冷めにくくしているのは北国ならではのくふう。

❸ 函館ラーメン（北海道）

透明感のあるスープが特徴の塩ラーメン。江戸時代末期にいち早く開港し、中国人が伝えたラーメンの影響が残っているといわれます。

❹ 十文字ラーメン（秋田県）

煮干しやかつおぶしなどでだしをとったしょうゆ味のスープと、かん水を使っていないちぢれめん、かまぼこと麩がのるのが特徴。

❺ 大船渡さんまら～めん（岩手県）

さんまの水揚げが本州一という大船渡市。あっさりとしたしょうゆ味のスープに、さんまのみりん干しがコクを加えます。

⑱ 天理ラーメン（奈良県）

ニンニクがきいたピリからスープに、炒めた白菜をたっぷりのせます。「スタミナラーメン」とも呼ばれます。

⑯ 台湾ラーメン（愛知県）

台湾の料理をもとにした、名古屋生まれのピリからラーメン。ニンニクやトウガラシをきかせたひき肉がのっています。

⑰ 京都ラーメン（京都府）

濃厚に炊いた鶏ガラスープや、ブタの背脂を浮かせるなどこってり系が多い。ネギはブランド野菜の九条ネギが使われます。

⑲ 和歌山ラーメン（和歌山県）

とんこつ系としょうゆ系のスープに大きく分けられ、めんはストレート。名産である梅の花の形をしたかまぼこがよく使われます。

気候に合わせてめんも変化

めんに水分量が多いと暑さでいたみやすくなるため、沖縄など南の地域では水分量が少なく、かための食感になる「低加水めん」が使われます。一方、北海道などの寒い地域では、水分量が多く、もっちりとした「多加水めん」が使われる傾向があります。

⑳ 播州ラーメン（兵庫県）

しょうゆ味で、タマネギやリンゴなどを加えてつくるあまいスープが特徴。名産の播州織の織り手である女性の口に合うようにと考え出されました。

⑬ ローメン （長野県）

具はヒツジ肉とキャベツ、太めのめんをソースやしょうゆで味つけします。ヒツジを使うのは、羊毛の生産がさかんだったため。汁けがあるタイプとないタイプがあります。

⑪ 勝浦タンタンメン （千葉県）

漁業の町・勝浦で、漁師たちが冷えた体を温めるメニューとして親しまれたラーメン。ラー油が入ったしょうゆベースのからいスープが特徴。

⑫ サンマーメン （神奈川県）

もやしなどの野菜とブタ肉を炒めて、とろみをつけた「あん」をたっぷりかけたラーメン。横浜の中華料理店が始めたとされます。

「ラーメン」と言ってもいろんな種類があるんだね！ぜんぜん知らないラーメンもあるよ

⑮ 高山ラーメン （岐阜県）

スープとタレを分けず、いっしょに煮こむめずらしいスタイル。極細のちぢれめんで、具はネギ、チャーシュー、メンマとシンプル。

⑭ 富山ブラックラーメン （富山県）

しょうゆを煮つめてつくる黒くてこいスープが特徴。ラーメンをおかずにごはんを食べる人が多く、こいめの味つけになりました。

㉖ 博多ラーメン（福岡県）

白くにごったとんこつスープに極細のストレートめん、好みで紅ショウガやごまをのせます。めんだけおかわりする「かえ玉」ができる店も多い。

㉘ 宮崎辛麺（宮崎県）

トウガラシとニンニクをきかせたからみのあるスープに、小麦粉とそば粉でつくった弾力のある「こんにゃくめん」を合わせます。

㉙ 鹿児島ラーメン（鹿児島県）

とんこつや鶏ガラ、野菜からとった白濁したスープに、地元産のしょうゆのあまみが加わります。めんは、かん水を使っていないため白っぽい。

㉕ 須崎名物鍋焼きラーメン（高知県）

鶏ガラしょうゆ味のスープに、具に親鶏や生卵、ちくわなどが入り、土鍋で出されるので最後まで熱々を楽しめます。

㉗ 熊本ラーメン（熊本県）

とんこつや鶏ガラでとったこいスープに、「マー油（ニンニクをラードで揚げてつくる油）」やニンニクチップをのせます。

ご当地ラーメンは、本当はまだまだいっぱいあるよ！自分の住んでいる地域にはどんなラーメンがあるか調べてみてね♪

㉓ 尾道ラーメン（広島県）

鶏ガラといりこでだしをとった透明なしょうゆスープに、ミンチ状にしたブタの背脂をたっぷりとのせます。

㉑ 鳥取牛骨ラーメン（鳥取県）

全国的にもめずらしい、ウシの骨でだしをとったラーメン。ウシならではの、あまくてコクのある味わいが出ます。

㉒ 笠岡ラーメン（岡山県）

養鶏がさかんだったことから、親鶏からとったしょうゆだしのスープに、鶏チャーシューをのせるラーメンがつくられるように。

㉔ 徳島ラーメン（徳島県）

スープの種類はお店によってことなりますが、あまからく煮たブタのバラ肉と、生卵をのせるのが特徴。

㉚ 沖縄そば（沖縄県）

小麦粉とかん水でつくられる太めのめんを、とんこつとかつおぶしでだしをとったスープに入れ、ブタの三枚肉やかまぼこをのせます。

45

世界のめん料理

日本だけでもいろいろなラーメンがあったけど、世界にはどんなめんがあるのかな?

ビャンビャンめん

中国・陝西省の郷土料理で、はばが2〜4cmほどある平打ちめん。コシが強いモチモチのめんで、タレをからめながら食べます。

猫耳朶（マオアルドゥオ）

中国・山西省が発祥のめんで、小さな生地をくるっとまるめた形がネコの耳のようだということで名づけられました。

フォー

米粉でつくった平たいめんに、牛骨または鶏ガラでとった熱いスープをかけて食べる、ベトナムを代表するめん料理。

クスクス

お米よりも小さい粒状の世界最小のめんで、デュラム小麦からつくられます。北アフリカ発祥で、中東やヨーロッパ、アメリカでも食べられています。

ムルネンミョン（水冷麺）

韓国で食べられる冷たいめんで、日本では「韓国冷麺」と呼ばれます。そば粉、デンプン、小麦粉を熱湯でこね、機械でおし出してめん状にします。

パスタは500種類以上！

ヨーロッパのめん料理といえばイタリア発祥の「パスタ」で、スパゲッティやマカロニもパスタの一種です。そうめんのように細いカッペリーニ、幅広のフェットチーネ、マカロニより穴が大きいリガトーニ、両端がななめになっているペンネ、チョウみたいな形のファルファッレ、シート状のラザニアなど、その種類は500以上と言われます。

世界に広がる日本のラーメン

◆今や人気の「和食」の一つ

ラーメンは、すしや天ぷらとならんで、海外から日本をおとずれる人たちが食べたい日本料理の一つになるほど人気です。日本のラーメン店が海外に支店を開くなど、外国でも本格的な日本式のラーメンを食べられるところも増えていますが、1杯2,000～3,000円ほどする高級な日本食と受け止められています。

◆より多くの人に食べてもらうために

世界の中には、宗教上の理由などから特定の動物やアルコールをさける必要がある人たちがいて、とんこつや鶏ガラはもちろん、だしのかつおぶしや、タレのしょうゆが問題になることもあります。そうした人たちや、**小麦など食物アレルギーをもつ人も安心して食べられるようなラーメンを開発**したり、原料をくわしく表示するなどの対策も進んでいます。

動物や魚介の成分、アルコール、化学調味料（MSG）などを使用せず、世界中で安心して食べられるよう開発された「Samurai Ramen Umami」

◆宇宙でも食べられるインスタントラーメン

小麦からめんがつくられるようになったのはおよそ1500年前で、インスタントラーメンが発明されたのは1958年。わずか70年ほどで世界中に広がり、年間1,200億食以上も食べられるようになりました。さらには宇宙にも飛び出したのです。

2005年、世界初の宇宙食ラーメン「スペース・ラム」が宇宙へ（写真上）。その後、「チキンラーメン」「カップヌードル」などが「宇宙日本食」として認証されました

NDC596　特別堅牢製本図書

おいしさから学ぶ図鑑
❸おいしいラーメンができるまで

Gakken　2025　48P　28.6cm
ISBN 978-4-05-501463-2　C8360

監修者

立花 晃
（一般社団法人国際ラーメン学会共同代表理事、
大和大学社会学部准教授）
兵庫県立大学大学院環境人間学研究科博士後期課程修了（博
士：環境人間学）。2023年、学術的な観点からラーメンの文化
や歴史を研究するために国際ラーメン学会を発足させ、「ラー
メン学」の創設をめざす。

参考資料

『イチからつくるラーメン』奥村彪生 編、高部晴市 絵（農山漁村
文化協会）
『ラーメンの誕生』岡田 哲 著（ちくま学芸文庫）
『教養としてのラーメン』青木 健 著（光文社）
『食べもののひみつ 3 すがたをかえる麦』食べもののひみつ編
集室 編（理論社）
『そだててあそぼう49 ブタの絵本』よしもとただし 編、みずか
みみのり 絵（農山漁村文化協会）
（ホームページ）農林水産省、一般財団法人製粉振興会、東京
食肉市場株式会社

取材協力

繁ちゃんラーメン、麺屋棣鄂（株式会社瑞穂食品工業）、
永井琉太（一般社団法人国際ラーメン学会共同代表理事）

写真提供

株式会社一蘭、株式会社新横浜ラーメン博物館、せんだいメデ
ィアテーク、日清食品ホールディングス株式会社、木下製粉株
式会社、あわじ里山プロジェクト、とまこまい広域農業協同組
合、大島造船所、一般社団法人日本養豚協会、株式会社林牧
場、一般社団法人勝浦市観光協会、農林水産省、株式会社産直
新聞社、一般社団法人長野伊那谷観光局、公益社団法人とやま
観光推進機構、公益財団法人名古屋観光コンベンションビュー
ロー、公益社団法人和歌山県観光連盟、岡山県観光連盟、福岡
市、熊本県観光連盟、宮崎県観光協会、公益社団法人鹿児島県
観光連盟、株式会社ヒガシマル、PIXTA、Adobe Stock、写
真AC

STAFF

制作協力	株式会社ワード
取材・執筆	合力佐智子、小川麻衣留
校正協力	能塚泰秋
撮影	森川諒一、マツダナオキ
表紙デザイン	沢田幸平（happeace）
表紙イラスト	FUJIKO
本文デザイン	シラキハラメグミ
本文イラスト	てらいまき
企画・編集	樋口亨

2025年2月18日　第1刷発行

発行人	川畑勝
編集人	志村俊幸
編集担当	樋口亨

発行所　　株式会社Gakken
　　　　　〒141-8416
　　　　　東京都品川区西五反田2-11-8
印刷所　　共同印刷株式会社

この本に関する各種お問い合わせ先

● 本の内容については、
　下記サイトのお問い合わせフォームよりお願いします。
　https://www.corp-gakken.co.jp/contact/
● 在庫については
　Tel 03-6431-1197（販売部）
● 不良品（落丁、乱丁）については
　Tel 0570-000577
　学研業務センター
　〒354-0045 埼玉県入間郡三芳町上富279-1
● 上記以外のお問い合わせは
　Tel 0570-056-710（学研グループ総合案内）

©Gakken

本書の無断転載、複製、複写（コピー）、翻訳を禁じます。
本書を代行業者等の第三者に依頼してスキャンやデジタル化することは、
たとえ個人や家庭内の利用であっても、著作権法上、認められておりません。
複写（コピー）をご希望の場合は、下記までご連絡ください。
日本複製権センター　https://jrrc.or.jp/
E-mail:jrrc_info@jrrc.or.jp
Ⓡ（日本複製権センター委託出版物）

学研グループの書籍・雑誌についての新刊情報・詳細情報は、下記をご覧ください。
学研出版サイト　https://hon.gakken.jp/

おいしさから学ぶ図鑑

各巻紹介

①

おいしい
おすし
ができるまで

②

おいしい
カレー
ができるまで

③

おいしい
ラーメン
ができるまで